¡A mí no me grite!

¡A mí no me grite!

QUINO

Lumen

Papel certificado por el Forest Stewardship Council®

MIXTO
Papel | Apoyando la silvicultura responsable
FSC® C117695

Penguin Random House Grupo Editorial

Primera edición con este formato: julio de 2024

Printed in Spain – Impreso en España

ISBN: 978-84-264-3116-5
Depósito legal: B-9169-2024

Compuesto en M. I. Maquetación, S. L.
Impreso en Índice, S. L., Barcelona

H 4 3 1 1 6 5

¡CÁLLESE,
INSOLENTE!

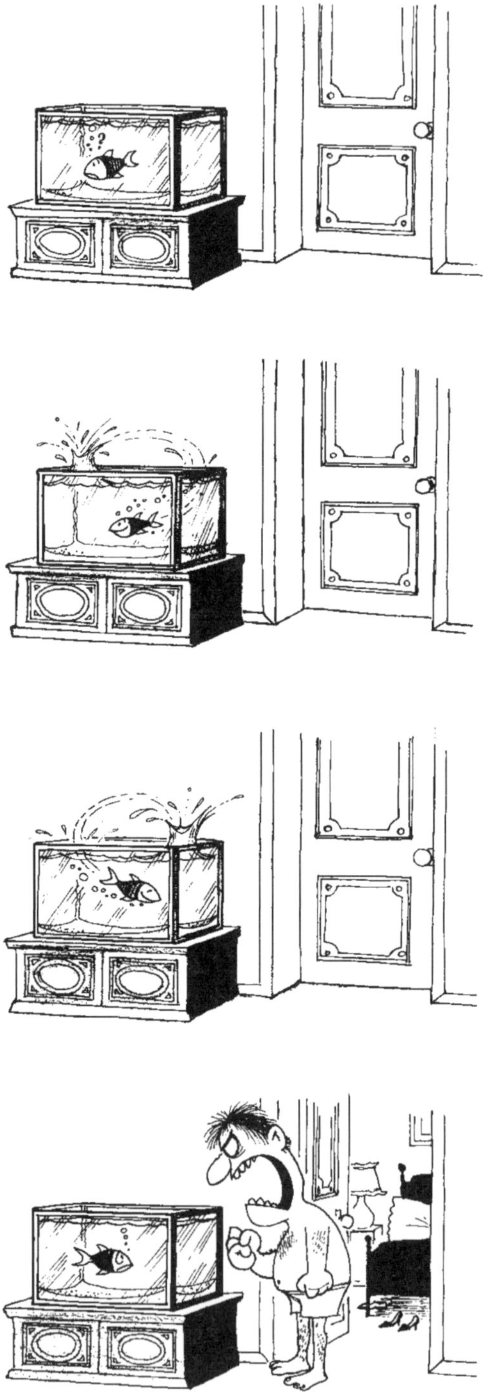

NCA
ANO

-SSSSSSSSSSSSSSHHHHHHHHHHHH!!!!!!!!!!.......

SOLSIDO
I I O S
R FA DO
RELA SOL
FASI S
FA O MI
A L I

STRAUSS
WALTZES

SILEN
HOSP

SEA
BREVE

¡FTÚP!

ES QUE CUANDO ÉL HIZO CON BARRO AL PRIMERO DE UDS., LA ESCULTURA ERA OTRA COSA

PAPÁ, ¿CÓMO NACEMOS?
Y.....ESTEEE...
XT M
¡NIC!
¡ANDÁ!...¡SI UN CHICO EN LA ESCUELA ME DIJO QUE......
INSTANT BABIES
¡YA TUVIERON QUE DECIRLE LA VERDAD!

SOY UN VIEJECITO VENUSIANO QUE HA LLEVADO UNA VIDA DISIPADA
SE SUPONE QUE POR ESO DIOS TENDRÍA QUE CASTIGARME ENVIANDOME AL INFIERNO, PERO YO NO CREO EN ESAS TONTERÍAS ¡EL INFIERNO! ¡JHÉ! ¡QUÉ PATRAÑA!
BRRROOOM!
?

MATERNIDAD

¿Y?

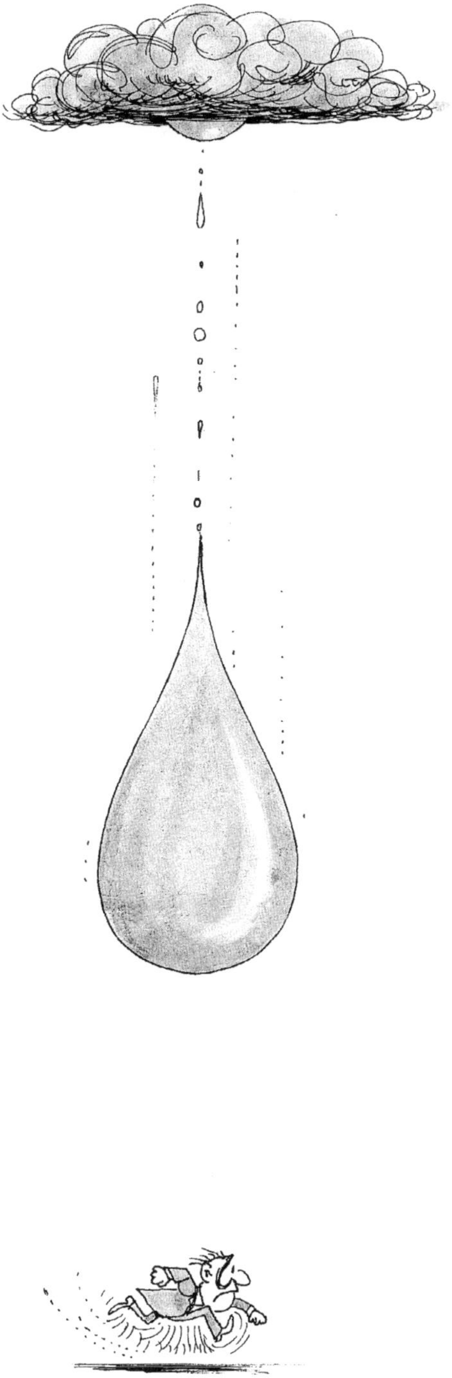

LA CIUDAD
A SU
FUNDADOR
99

MUFXC

¡TOC! ¡TOC!

¿Y POR QUÉ HABRÉ SOÑADO TODO ESO, DIGO YO?
DT

DESDE CHICO, DR., ARRASTRO LA SENSACION DE NO SABER COMUNICARME CON LOS DEMÁS, DE RESULTARLE INDIFERENTE A TODO EL MUNDO, DE QUE NADIE ME.........
FREUD

ES EXTR ÑO, NO RECUERDO EST LETR
A

Siempre
Continuado
A
B

EL AMOR ES LO QUE IMPORTA; LA COMPRENSIÓN VIENE DESPUÉS

¡BLAM!
¡CR
ASH!...
¡HIJO! ¿QUÉ PASA?
¡¡QUE DESDE MAÑANA QUIERO QUAKER!! ¿ME OÍS?

MI ESPALDA ES MI OTRO USTEDES

BIEN, PARA IR CONOCIENDO SU PERSONALIDAD EN ESTA PRIMERA SESIÓN; HABLEME DE LO PRIMERO QUE SE LE OCURRA

PSICOANALISTA
¡BUEH!... ES LA HORA

OPEN
CLOSED
TUWEL

QUEJAS

RTEFACTOS
ECTRICOS
QUEJAS
LINTERNA

QUEJAS

UN
FRONTERA

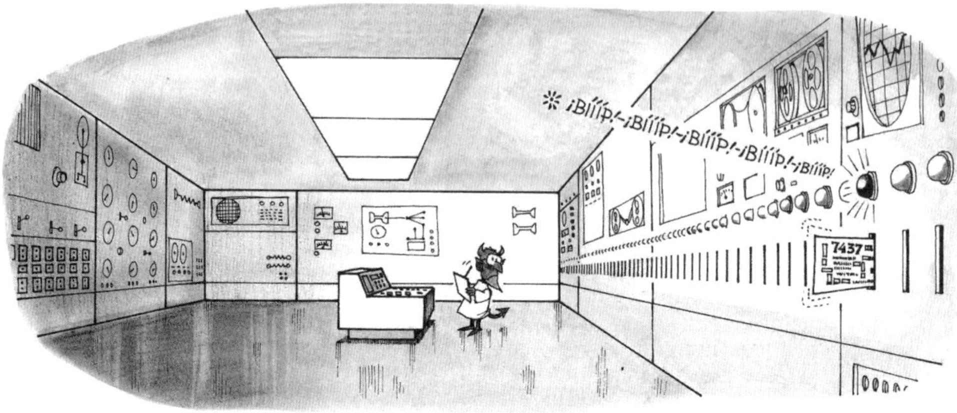
¡BÍÍÍP!-¡BÍÍÍP!-¡BÍÍÍP!-¡BÍÍÍP!-¡BÍÍÍP!
7437

7437

743
7437
7438

PATIO Nº 2

BOOOM
BOO¿QUÉ?

EXCURSION

PUENTE

¡FÚH!
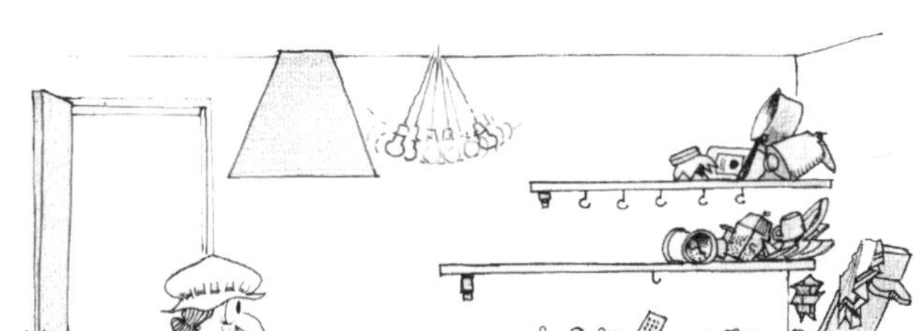

ZONA OESTE
EDISON PALACE: "TARZAN"
(apta p. tod. púb.) Cont. Loc. s. num. Not. Pan.
¡UY, "TARZAN"!
¡QUÉ LINDO!; EN MIS TIEMPOS SÍ QUE NO ME PERDÍA UNA! ¡YA MISMO ME VOY A VER DE NUEVO A TARZÁN!
RZAN"
BRE MONO»
HOY
CONTIN

Mis Memorias

¡SOCORRO!

CHÉ...
¿MMH?
HOY ES 17 DE FEBRERO
¿Y?
¡DEL NAUFRAGIO, HOMBRE! EL "TAMPICO STAR"
EL NAUFRAGIO.... EL "TAMPICO ST.... ¡AAAAAAAH!....

¡¡CÓMO "Y", MARMOTA!! ¡HOY HACE 29 AÑOS!
¿29 AÑOS DE QUÉ?
¡DEJATE DE MACANAS!... ¿NO TE ACORDÁS?
¡TE JURO QUE NO! ¿DE QUÉ HAY QUE ACORDARSE?
¿MARMOTA?
PERDONE, MI CAPITÁN

VOS SABÉS TODO LO QUE YO TE APRECIO, PEPE, ¿VERDAD?
¡CLARO! ¿PERO A QUÉ VIENE ESO?
Y,.....ESTE,...VIENE A RAÍZ DE LO QUE SE DICE POR AHÍ DE VOS,...¡CLARO QUE YO NO LO CREO ¿EH?
¿DE MÍ? ¿Y QUÉ SE DICE DE MÍ?
Y HASTA UN POCO MÁS, DIGAMOS
POR NO MENCIONAR A TODOS LOS EXAGERADOS QUE AFIRMAN QUE VOS

PUES,...EN FIN,....QUE VOS
¡¿QUE YO ?!
BUENO,..EN REALIDAD NO DICEN , SINO
¿¡ !?
¡BANG!
¡POBRE PEPE! ¡Y TAN LIMPIO QUE ERA!...

¡MENOS MAL QUE HA LLEGADO USTED, PORQUE YO AQUÍ SOLO YA ESTABA POR EMPEZAR A VOLVERME LOCO!

STRO CIVIL

¡PAF!
?

HAMLET
¿Ser o no Ser?
Donald

DE AMOR
¡BUENÍSIMA!
XITO-HOY-
...Y ESA OTRA PARTE EN QUE LE DICE QUE VA A TENER EL HIJO Y ÉL LLORA EMOCIONADO...
MUCHO MÁS ACTRIZ QUE EN AQUÉLLA OTRA PELÍCULA, QUE NOS ENSARTAMOS PORQUE LA PUSIERON POR LAS NUBES, AQUÉLLA...
...Y QUE AL FINAL ÉL LA ABANDONA, NADIE SABE POR QUÉ, Y LA CRÍTICA HABLABA DE LA INCOMUNICACIÓN Y QUÉ SÉ YO, LA CUESTIÓN ES QUE NO SE ENTENDÍA NADA

VENCITOS
....LA ESCENA DEL.... ¡LINDO PARA OSCARCITO, Y NO ES CARO, MIRÁ VOS!
...AHÍ, CUANDO ELLA LE DICE AL OTRO GUÁRDESE SU SUCIO DINERO, ¡ESTÁ TAN BIEN, AHÍ!..
ESTACIONAM
ENTRE Y SALGA DE
¡EN VEZ EN ÉSTA ESTÁN TAN BIEN LOS DOS!...

farmacia
BUENAS, ¿TIENE PÍLDORAS PARA SOÑAR?
SÍ, ¿QUÉ TEMA LE AGRADA?
NNNADA.... UNA ASPIRINA.... DORMÍTE, ¿EH?, DORMÍTE

¡CASANOVA! ¡QUIERO SER CASANOVA!
BIEN, AQUÍ TIENE
¿QUÉ PASA, PEPE? ¿QUÉ TOMÁS?
VENGA, IGOR IGORIEVICH, VENGA CON SU PRINCESITA RUSA, ASÍ... ... ASÍ... ¡MMMMMMMH!....

MMMH-♫-MMMH-♫-MMH ♫♡ MMMH-MMH ♫♡♪

¡HIPÓCRITA! ¿CREÉS QUE NO ME HE DADO CUENTA QUE CONMIGO SOS FELIZ?

DR. MUPI
VETERINARIO

VIVIENDO CACHORRITO COYOTE
CACHORRITO COYOTE ACERCARSE TROTANDO A LEGUA Y MEDIA
TÚN-TUCUTÚN-TUCUTÚN-TUCUTÚN-TUCUTÚN
¡SIEMPRE OLVIDANDO AUDÍFONO!
¡¡SIEMPRE!!
?

¡Híííííí!...
¡Híííííí!...
¡Híííííí!...
¡Híííííí!...
¡Hííííííí!...
¡Híííííí!...
¡Hííííííí!...
¡Hííííííí!..
¡¡BUENO, ESTÁ BIEN!!
¡DAME!

¡DEJAME TRANQUILO! ¿QUERÉS?
¡HÍÍÍÍÍÍ!...
¡HÍÍÍÍÍÍ!...
¡GUAU! ¡GUAU! ¡GUAU!
¡¡YA ME TIENE PODRIDO!!

DR. MUSKROPI VETERINARIO

Sr. Juez

¡PLÍC!
¡PLÍC!
?
¡AAOUUGH!
¿QUÉ PASA?
¿QUÉ ES ESO?
NO SÉ

¡"NO SÉ"! ¡"NO SÉ"!
¡YO SÍ SÉ!
¡OTRA DE ESAS ESTUPIDECES QUE TE PASÁS INVENTANDO!

PEPE
¡TRACK!

FRANCISCO TODO EL DÍA CON SUS CHIRIMBOLOS DE RADIOAFICIONADO
BENITO MACHACANDO SIEMPRE CON SU CLARINETE
...SUS MOTORCITOS
¡OUUUGGH!...

TRRRRR...
PUT-PUT
TRRRR...
ROGELIO
DALE QUE DALE
CON ESTO DE....
¡TRRRRR
RRR!..
PUT
PUT
¡TRRR
RRR!...
¡TÚMP!
¡QUÉ MARIDOS
TUVE, DIOS MÍO!
¡QUÉ MARIDOS!

ESA
heladeras
en
cuotas
ESE
lavarropas
en mensualidades
ESE
con
facilid.
ESE
FINANCIADO
ESAS
FLORES

MONEY POWER

¿VIÓ?....¿VIÓ CÓMO LO DE SU SUELDO NO ERA CUESTIÓN DE ESPERAR TANTO?
RECIÉN HACE UN MES QUE VOY AL PSICOANALISTA...¡Y YA ME IMPORTA UN PITO QUE UD. GANE UNA MISERIA!

OFICINAS
GROX

SUYA!
NUEVA

¡HOLA, PAPÁ!

MAMÁ
ma...má

2+2=4
2+2=4

PATRIA
PATRIA

DE 7 a 15, SUELDO Y BONIFICACION
DE 7 a 15, SUELDO Y BONIFICACIÓN

¡CASA Y AUTO NUESTROS!
CASA Y AUTO NUESTROS

JUSTICIA, DIGNIDAD
JUSTICIA, DIGNIDAD
AMOR
AMOR
CASAMIENTO
CASAMIENTO
ASCENSO
¡ASCENSO!
GERENTE
¡GERENTE!
CONVENIO, JUSTICIA, DIGNIDAD
¿CÓMO, CÓMO, CÓMO?

ma.

CINE
¡¡QUÉ PAÍS!!

¿QUÉ FECHA ES HOY, ROSALES?
29, SEÑOR
GRACIAS

¡JAMÁS HEMOS TRAICIONADO NUESTRA PLATAFORMA POLÍTICA!
...¡NI ESPECULAMOS CON LAS ESPERANZAS DEL PUEBLO!
...¡NI FIRMAMOS PACTOS CON NADIE!
..¡NI GOLPEAMOS LA PUERTA DE NINGÚN CUARTEL!!
...¡¡NI CAÍMOS EN LA DEMAGOGIA DE FÁCILES PROMESAS!!!
..¡¡NI GOBERNAMOS NUNCA!!!
PUP

¡TODA LA VIDA HACIENDO CHISTES DE NÁUFRAGOS EN ESTA MALDITA ISLA!
¡Y SEGURO QUE YA LOS CHISTES DE NÁUFRAGOS NO LE INTERESAN A NADIE! ¡¡PUCHA DIGO!!... ¡CÓMO ME GUSTARÍA HACER CHISTES DE ACTUALIDAD!
¡SOLO SÉ HACER CHISTES EN LOS QUE NUESTRA SITUACIÓN VA SIENDO CADA VEZ PEOR!..
¡¡EN LOS QUE VIVIMOS ESPERANDO QUE ALGUIEN VENGA A SALVARNOS!!

¡PERO QUÉ VOY A HACER ACTUALIDAD, SI NO TENGO LA MENOR IDEA DE LO QUE PASA EN NINGÚN LADO!
¡SOY UN DESACTUALIZADO! ¡SOLO SÉ HACER CHISTES DE NÁUFRAGOS!
¡¡PUCHA DIGO!!... ¡CÓMO ME GUSTARÍA HACER CHISTES DE ACTUALIDAD!

JEFES TRIBU MANDARME; JEFES TRIBU SABER QUE TÚ TENER PIELES; DANDO ALGUNAS
¿OTRA VEZ?
¡CADA VEZ VIVIENDO PEOR! ¡¡CADA VEZ DANDO MÁS PIELES!! ¡¡YO CONSEGUIRLAS LUCHANDO CON FIERAS!! ¡¡PIELES SER MÍAS!!
¡¡DANDO!!
¡¿Y SI NO DANDO: QUÉ?!

¿QUÉ HACER JEFES TRIBU CON PIELES QUE YO DAR ANTES?
PAGAR A GRANDES TRIBUS AYUDA QUE ELLAS DARNOS PARA NOSOTROS VIVIENDO MEJOR
¿MEJOR?
¡TUCK!
BUÍÍÍÍÍÍÍÍÍÍNAS...
DIRECCION GENERAL IMPOSITIVA
AGENCIA Nº 5

107
TRÁMITES
MINISTERIO

— Tome, Peruzzi; este era usted.

100
1000
10000

MARX

SOLO LUCHANDO UNIDOS PODEMOS LOGRAR UN CAMBIO TOTAL DE ESTRUCTURAS
ES PRECISO QUE CONSTRUYAMOS UN MUNDO NUEVO, SIN BARRERAS SOCIALES, SIN SECTARISMOS, EN EL QUE TODOS SEAMOS EXACTAMENTE IGUALES, ¿ENTIENDES?
SÍ
¡"SÍ, DOCTOR"!

¡CLICK!

Debussy
EL MAR

REPUTACION

HONOR
DES

CAFÉ
PRESTIGIO

MORAL

PICTURES
FILMS

— Ocurre que no me gustan sus corbatas, Señor Presidente.

Joaquín Lavado, **Quino**, nació el 17 de julio de 1932 en Mendoza, Argentina, en el seno de una familia de emigrantes andaluces. Descubrió su vocación como dibujante a los tres años. En 1954 publica su primera página de chistes en el semanario bonaerense *Esto es*. En 1964, su personaje Mafalda comienza a aparecer con regularidad en el semanario *Primera Plana*. El éxito de sus historietas le brinda la oportunidad de publicar en el diario nacional *El Mundo* y será el detonante del boom editorial que se extenderá por todos los países de lengua castellana. Tras la desaparición de *El Mundo* y un año de ausencia, Mafalda regresa a la prensa gracias al semanario *Siete Días* en 1968, y en 1970 llega a España de la mano de Esther Tusquets y de la editorial Lumen. En 1973 Mafalda y sus amigos se despiden para siempre de sus lectores. Se han instalado esculturas del personaje en Buenos Aires, Oviedo y Mendoza. Lumen ha publicado los once tomos recopilatorios de viñetas de Mafalda, numerados de 0 a 10, y también en un único volumen —*Mafalda. Todas las tiras* (2011)—, así como las viñetas que permanecían inéditas y que integran junto al resto el libro *Todo Mafalda*, publicado con ocasión del cincuenta aniversario del personaje, y las recopilaciones *Mafalda. Femenino singular* (2018), *Mafalda. En esta familia no hay jefes* (2019), *El amor según Mafalda* (2020), *La filosofía de Mafalda* (2021), *Mafalda presidenta* (2022) y *Mafalda para niñas y niños* (2023). También han aparecido en Lumen los libros de viñetas humorísticas del dibujante, entre los que destacan *Mundo Quino* (2008), *Quinoterapia* (2008), *Simplemente Quino* (2016), el volumen recopilatorio *Esto no es todo* (2008) y *Quino inédito* (2023).

Quino ha logrado tener una gran repercusión en todo el mundo, sus libros han sido traducidos a más de veinte lenguas y dialectos (los más recientes son el armenio, el búlgaro, el hebreo, el polaco y el guaraní), y ha sido galardonado con premios tan prestigiosos como el Príncipe de Asturias de Comunicación y Humanidades y el B'nai B'rith de Derechos Humanos. Quino murió en Mendoza el 30 de septiembre de 2020.

Este libro acabó de imprimirse en Barcelona en julio de 2024.